VARPAANJÄLKIÄ TÄHTITAIVAALLA

Riina Ilona Laamanen

TÄHTITAIVAITA

Minä katsoin kuuta
Juoksin jalkapohjani rakoille kuumalla asfaltilla.
Minulla oli apilanlehtiä varpaiden välissä
Kastehelmiä silmäripsissä
Silkkinenäliina pellavamekkoni taskussa.
Minä tunsin kaupungin kadut, kirjakaupat, parturiliikkeen vanhat miehet.
Tiesin metsänkin
Löysin kantterellit, puolukat ja oravanpesät.
Talviöisin istuin järvenjäällä ja opettelin tuntemaan tähdet.
Käänsin kiven toisensa jälkeen
Kahlasin kaikki joet
Kiipesin jokaisen vuoren huipulle.
Taskut täynnä tavaroita, sinivuokkoja, hopearenkaita
Sydän täynnä ihmisten hymyjä, lähdön kyyneleitä
Hiuksissani tuuli ja männynneulaset,
Nilkoissani kieloista tehdyt seppeleet minä jatkan etsintääni.
Paljon olen löytänyt, sinä vielä puutut.

Joskus minä itken kun ajattelen onnellisia hetkiä.
Joskus nauran kun ajattelen niitä mahdottoman surullisia hetkiä kun kaikki oli niin lohdutonta että Luulin elämäni olevan ohi.
Joskus minä muistelen kaiholla nuoruuteni viattomia päiviä,
Joskus nauran sinisilmäisyydelleni.
Joskus rakastan sinua ehdoitta,
Joskus haluan sinun muuttuvan kaltaisekseni
Sellaiseksi ihmiseksi jolle toisinaan itsekin hymähdän pilkallisesti.
Minussa mikään ei ole pysyvää ja ehdotonta.
Minussa mikään ei säily muuttumattomana ja puhtaana.
Minä olen lastu laineilla,
Vaahteran lehti syystuulessa.
Minä muutun maailman kanssa,
Vaihdun päivästä seuraavaan.
Minä inhoan, rakastan, itken, nauran,
Herään uuteen,
Väsyn vanhaan,
Kyllästyn hetkessä,
Pelkään muutosta.
Minä olen hankala, vaihtuva, ajelehtiva, kummallinen.
Ja juuri sellaisena minä minua rakastan.

Hölmöltähän se mekko näytti.
Hölmöltä kumisaappaiden kanssa.
Auringonpaisteessa,
Keskustorin kupeessa.
Vaikka oli mansikoita ja vaniljajäätelöä,
vaikka oli nauravat silmät,
vaikka oli iloa nuori sydän tulvillaan.
Mutta hölmöltä se silti näytti.
Hölmöltä siinä istuessaan.
Mitä se oikein kuvitteli?
Minne luuli olevansa matkalla?
Hellehattunsa lierin alla hymyili,
levitti valoa ympärilleenkin,
tarjosi mansikan tuntemattomalle.
Mutta ei se sitä muuttanut,
ei totuutta voinut vääristää
että hölmöltä se näytti
se onnellinen kumisaappaissaan.

Oli pimeää ja kylmää.
Oli jääpuikkoja kuusenoksissa.
Oli tähtiä loppumattomiin.
Olin minä.
Kaulahuivi ja lapaset.
Mummon kutoma neuletakki
ja kirpputorilta ostettu pipo.
Oli punainen nenä ja
pakkasesta kireät posket.
Oli luistimet pulkassa
ja tunnottomat varpaat.
Siinä seisoin.
Siinä ihmettelin.
Järven rannalla,
kuunvalossa kimmeltävässä lumessa.
Ihmettelin miksi ennen
en ollut kuullut tähtien laulavan.

Olisipa minulla punainen kulho ja pussillinen jauhoja!
Olisipa puinen kauha ja leivinuuni!
Olisipa sydämenmuotoinen muotti!
Voi miten minä sitten leipoisin!
leipoisin yhteen sen rakkauden ja onnen,
sen ilon ja auringon,
ne hymyt ja huomenet!
Vaivaisin ilman välistä,
lisäisin isosti itseänikin,
kohottaisin lempeässä lämmössä.
Naapurit! Ystävät! Katujen tuntemattomat!
Kaikille riittäisi kakustani,
kaikki saisivat osansa,
jokaisen suu maistuisi ilollle,
jakaisi hyvää mieltä muillekin!

Yön pimeydessä hiivin ullakolle.
Ihan hiljaa,
varpaisillani,
vilttiin kääriytyneenä.
Sytytän kynttilät,
levitän viltin lattialle,
kaadan lasiin viiniä
salaisesta pullostani
joka minua kaapin kätköissä odottaa.
Ullakolla on toinen maailma.
Vanhanaikainen maailma.
Maailma johon tietokoneet eivät kuulu.
Ullakollani makaan lattialla,
poltan tupakkaa,
kuuntelen talon yöllistä supinaa.
Minun yksinäisissä öissäni on pimeän taika.
Minun ullakkoni katossa tähtitaivaita.
Ja sitten aamulla ihmettelet
miksi olen niin väsynyt.

Tuuli nappaa kaulahuivin mukaansa,
kaataa pikkupojan hiekkalaatikkoon,
paukuttaa ikkunaluukkuja,
saa ihmiset pitämään hatustaan kiinni
ja juoksemaan takaisin sisään.
Minä seison kadulla,
housuntaskussa euro,
valmiina lähtöön.

Tennarit ja kukallinen reppu.
Matikan läksyt tekemättä
ja mielessä laulava poika.
Siinä minä kävelin,
järven rannalla,
sydän kevättä sykkien,
sorsanpoikasten uidessa,
auringon valaistessa
sieluni kaikkien nähtäville.
Niin oli onnellinen se nuoruuden päivä,
niin oli mieli kevyt kuin kesätuuli.
Vähänpä tiesin,
vähänpä osasin aavistaa
että oikea onni
antaisi vielä vuosia odottaa itseään.

Kerran kesäyönä kävelin pellolle.
Puuvillamekko ja paljaat jalat.
Hiukset ilta-auringon tuoksuiset.
Kerran kesäyönä kuuntelin maailmaa.
Ohran hiljaista suhinaa,
hyttysten unista ininää.
Lähetin terveiset taivaalle,
lauloin tuutulaulun päästäisille,
kerroin koivulle murheeni.
Kerran kesäyönä istuin hiljaa.
Annoin ohran suhista,
annoin koivun huokaista,
annoin maailman kulkea omillaan.

Päiväkirjan välissä ruusun terälehti.
Teki siitä päivästä kauniimman.
Ei silti totuutta muuttanut,
muistoja vääristänyt,
kultareunoja pilville maalannut.
Muisto kuin kivenlohkare vatsanpohjalla.
Jäävuori tulevaisuuteen vievällä tiellä.
Miten sen poistaisi,
vuoren palasiksi nakuttelisi?
Ruusun terälehti päiväkirjan välissä.
Heitän sen tuulelle,
lahjoitan avaruudelle,
riisun muiston tuoksuvasta kuorestaan.
Jäävuori sulaa auringossa.

Minulla on ihania naisia.
Kymmeniä äitejä,
satoja siskoja,
serkkulikkoja ympäri maailmaa.
Jotkut puhuvat naisen raivosta.
Niinkuin se olisi paha asia.
Minun naiseni raivoavat rakkaudesta.
Niillä on isommat sydämet kuin kauppakassit,
enemmän lämpöä kuin leivinuuneja.
Niillä on aina apua tarvitseville.
Minulla on ihania naisia.
Aina ne pelastavat hukkuvan.
Aina ne nostavat ylös kuopista.
Niistäkin jotka itse olen kaivanut.
Aina niillä riittää aikaa,
aina niillä riittää tilaa sydämissään.
Aina niillä riittää sämpylöitä naapurillekin.
Minun naiseni opettavat minua.
Opettavat jakamaan.
Opettavat ottamaan vastaan.
Opettavat tulemaan kaltaisekseen.
Ihanaksi naiseksi!

VARPAANJÄLKIÄ

Minulla oli päivänkakkaroita kenkien soljissa,
käsilaukussa eilisen lehti.
Minä rakastin iltaa joka oli nyt muisto,
rakastin jokaista sanaa joka siihen iltaan kuului.
Minä kävelin rantaan,
keräsin kiviä,
huusin huomenen ulapalle.
Minulla oli vihlova hammas,
kultainen sormus,
satoja shampanjakuplia huulilla.
Hiukset sekaisin yöstä,
sydän sekaisin onnesta,
meren suolainen syleily nilkoissa.
Tästä hetkestä alkaen
minä lahjoitan itselleni onnen.

Minun sydämelläni ei ole suojavarusteita.
Se on mustelmille hakattu
Arpien peittämä kulunut sydän.
Sellainen sydän joka on nähnyt maailmaa jo vähän liikaakin.
Kerran se laittoi kypärän päähänsä ja piiloutui muurin taakse
Pakoon iskuilta.
Siellä se istui ylhäässä yksinäisyydessään, turvassa.
Kauan ei kuitenkaan malttanut pysyä piilossa kun muisti.
Muisti innostuksesta jättäneensä lyönnin väliin
Muisti miten vatsassa asuva perhosparvi sai sen hakkaamaan kovempaa.
Minun sydämeni ei tarvitse suojavarusteita.
Se on hullunrohkea,
Joka päivä uusia mustelmia saava taistelijasydän.
Sydän joka nousee liitolentoon jokaisen lokin kanssa
Sydän joka tuntee koko maailman.

Minä olen kuin raivotautinen koira
Hopeakolikkonsa hukannut harakka
Nälkäinen jonka kädet on sidottu herkkupöydässä selän taakse.
Aarteeni, kalleimpani,
tarujen sormukseni...
Kuka sinut vei?
Minne sinä hävisit?
En minä huomannut mitään,
tuntenut muutosta,
vaistonnut virheitäni.
Oli leinikkejä kesäniityllä.
Oli tähtitaivaita ja varpaanjälkiä rantahiekassa.
Minne sinä menit?
Kuka sinut varasti?
Oliko noita ja loitsu ja lemmenuute?
Oliko vihonviimeisessä pöheikössä vaaniva mörkö?
En minä muutakaan keksi.
En muuten osaa selittää
miksi nyt on vain
yhdet varpaanjäljet hiekassa.

Minun ikäväni on kuin kiirastuli.
Lamauttava voima,
särky takaraivossa.
Niin suuri minun ikäväni on.
Minun ikäväni on kuin siivetön lintu,
kadotettu rakkaus,
kutsumaton hiljaisuus.
Niin suuri on ikäväni etten sitä voi peittää,
toisten katseilta kätkeä.
Niin suuri että se seuraa minua
aamusta iltaan,
illasta aamuun,
päivästä seuraavaan.
Kuin kulkukoira se suraa,
kuin rotta muurejani nakertaa.
Minun ikäväni on kuin kiirastuli.
Siinä minä pysyn.
Siinä minä palan.
Siinä minä odotan.
Kunnes aika sen sateellaan sammuttaa.

Piilossaan se istui.
Pienessä nurkassaan,
pimeässä.
Nökötti kuin puutarhatonttu,
ilman valoa,
ilman toivoa uudesta auringonpaisteesta.
Yksin.
Mökötti kuin pahainen kakara,
pyyhki kyyneliä silmistään.
Ei minulla ketään,
ei minulla mitään.
Istui nurkassaan ja murehti.
Ei se maailmasta välittänyt,
itseään murehti.
Mitä sitä nälkäänäkevistä,
mitä sitä sademetsistä,
mitä sitä kodittomista,
mitä sitä muista kuin minusta.
Piilossaan se pysyi,
oveaan ei avannut kenellekään.
Piilossaan pysyi ja mökötti.
Sillä oli rikkinäiset sukat,
likainen lattia,
kylmää kahvia pannussa.
Ja oven takana,
oven takana auringonpaisteessa
sitä oli odottamassa
kymmenen ystävää,
sata postikorttia,
uusia valoisia huomisia.

Välimeren yö on musta ja sakea.
Sen sumuun hukkuvat katulamput,
kynttilälyhdyt,
kauppojen mainoskyltit.
Välimeren yö sulkee sisäänmsä,
kuljettaa kohti puheensorinaa,
pelottelee kujilla lepattavilla varjoillaan.
Välimeren yö tuoksuu rommilta ja lampaankyljyksiltä.
Se painaa päänsä olkapäälle ja kulkee mukana
tulee sisälle baareihin,
koteihin, ihmisten sydämiin.
Välimeren yö on kuin viimeinen suudelma.
Se täyttää sielun paksulla hengityksellään,
herättää varjoissa piileskelevät vaistot,
saa haluamaan lisää.
Välimeren yön mustassa sakeudessa
minä synnyn uudestaan.
Valon lapsi
mustassa öisessä hunnussaan.

Valon lapsi pelkäsi pimeää.
Pelkäsi yksinäisiä öitä,
pelkäsi varjoja metsässä.
Aurinkoa se halusi.
Aurinkoa ja ihmisten hymyjä.
Ei se ymmärtänyt,
ei saattanut käsittä
miten toiset,
vielä auringossa hymyilleet
löysivät yön pimeydessä,
löysivät varjoisilla kujilla,
löysivät piilossa katseilta
vaanivan pedon itsestään.

Auringonpaisteessa on vaikea kirjoittaa.
Runot syntyvät pimeässä
Silloin kun muu maailma nukkuu.
Silloin kun tähdet kuiskailevat salaisuuksiaan,
kun kuu hymyilee tietäväisenä,
kun pihan pensaat nousevat tanssimaan.
Auringonpaisteessa minun sieluni on valoa tulvillaan.
Jalat vievät pitkälle kotoa,
koirat haukkuvat,
maailma on pelkkiä hymyileviä kasvoja.
Yön tummassa syleilyssä minun runoni haluavat ulos.
Ei niitä kiinnosta ilo ja valo ja maailman meno.
Ne haluavat hiljaisuuden,
varjojen viekoittelevan leikin,
minun salaiset,
pimeässä näkevät silmäni.

Olipa kerran pikkuinen tyttö.
Oli sinikelloja ja käpylehmiä,
oli suojelusenkelitaulu sängynpäädyssä.
Olipa kerran suuret siniset silmät.
Silmät joissa metsä heräsi eloon,
nallekarhu katsoi ymmärtävästi,
kallionkolossa asui käkkäränokkainen noita.
Olipa kerran pikkuiset sormet.
Sormet jotka tulivat tahmeiksi jäätelöstä,
silittivät äidin poskea,
tekivät foliosta prinsessan kruunun.
Olipa kerran naurava suu.
Suu joka ei malttanut olla hiljaa.
Joka lauloi joululauja nuotinvierestä,
joka vielä helposti sanoi "rakastan sinua".
Olipa kerran pikkuinen tyttö.
oli viaton sydän,
oli rehellinen suu,
oli maailma ihmeitä täynnä.
Tänä iltana sytyttelen kynttilät
kurkistan kaapin päälle,
laulan joululaulun,
katson nallekarhua silmiin
ja yritän taas löytää tuon tytön.

MINÄ

Se oli aivan eksyksissä.
Sysipimeässä metsässä se oli
Ilman valoa vaelsi.
Yritti löytää karttoja, tienviittoja, vanhoja viisaita miehiä.
Ja silti vain pimeyttä ja loputtomia harhateitä.
Ei se tiennyt minne oli matkalla.
Se oli kaukana kotoa ,
kaukana tutuista tuoksuista,
ihmisistä, metsänreunan muurahaispesistä.
Sillä oli särkynyt sydän ja
katse kengänkärjissä.
Taskussa reikä eikä mitään matkatavaroita.
Se oli aivan eksyksissä.
Mutta sitten se kohtasi ihmisen.
Sellaisen ihmisen jolla oli sydän.
Niin iso sydän että sinne mahtui
jokainen maailman eksyneistä.
Niin iso sydän että sinne mahtui
tämäkin yksi.
Ja nyt sillä on valoa ja toivoa ja uusia huomisia.
Nyt se on harhatiensä harhaillut.
Nyt sillä on koti.

Reissussa rähjääntynyt palasi kotiin.
Kulkuripoika, musta lammas,
maailman aalloilla ajelehtija.
Tukka sotkussa,
parransänki leussa,
ilman omaisuutta
se palasi kotiin.
Vuosia oli kulunut,
vuosia siitä kun edellisen kerran
avasi tutun portin.
Sillä oli naururyppyjä silmäkulmissa,
karheat kädet,
repussa ei ainuttakaan matkamuistoa.
Se oli nähnyt niin paljon.
Niin paljon että keittiö tuntui ahtaalta.
Niin paljon että kukaan ei sitä enää tuntenut.
Se oli etsinyt onnea,
löytänyt vastoinkäymisiä,
huutanut ilosta,
itkenyt yksinäisyyttään,
sanonut satoja hyvästejä.
Ja sitten se palasi kotiin.
Kotiin rakkaidensa luo.
Kotiin missä kukaan ei tiennyt,
kukaan ei ollut kokenut,
kukaan ei saattanut ymmärtää
että maailman aalloilla ajelehtinut
oli jättänyt sydämensä
niiden vieraiden ihmisten,
uusien kaupunkien,
loistavien auringonnousujen luokse.
Kulkuripoika, musta lammas,
koko maailman lapsi.

Naisella oli naarasleijonan sielu.
Kaiken se teki läheistensä eteen,
lastaan suojeli vaikka henkensä uhalla.
Naisella oli kovat silmät.
Niin kovat ettei lapsikaan aina lämpöä niistä löytänyt.
Vaikka nainen uhrasi kaiken.
Vaikka antoi oman onnensa lapselleen.
Naisella oli lämpimät käsivarret.
Niillä se kantoi lapsensa sairaalaan,
halasi miestään,
hyvitteli kovia silmiään.
Naisella oli lempeä ääni.
Sillä se luki iltasatuja,
sanoi rakastavansa,
vähätteli omia huoliaan.
Naisella oli naarasleijonan sielu.
Ei se sitä syntyessään saanut
vaan valitsi sen.
Valitsi sen kylmää maailmaa vastaan,
valitsi sen rakkaitaan suojellakseen.

Toivorikas oli se ikuinen lapsi
Toivorikas uudessa kodissaan.
Kaukana olivat menneen kauhut,
kaukana muotti johon ei mahtunut.
Joka aamu se heräsi hymyillen,
joka aamu se leikki auringossa.
Sillä oli vähemmän kuin ennen,
omaisuutta ei nimeksikään.
Laatikossa haki lusikka pariaan.
Mutta toivorikas oli se ikuinen lapsi
Toivorikas ja auringon kultaama.
Joka aamu se sanoi itselleen:
Tämä on hyvä päivä olla onnellinen.
Joka aamu se sanoi itselleen:
Tämä on hyvä päivä olla minä.
Ja vaikka kaukana olivat talo ja tavarat
ja timanttisormukset,
oli toivorikkaalla lapsella enemmän.
Sillä oli kaikki mitä se tarvitsi.
Sillä oli itsensä.

Korkean taivaan alla seisoi kiitollinen.
Katseli pilvien leijailua,
kuunteli lokkien kirkunaa,
ihmetteli auringon elämää luovaa voimaa.
Siinä seisoi kauan ja tunsi.
Tunsi maailman vanhenevan,
tunsi planeettojen liikkuvan,
tunsi lintujen siivenlyönnit sisällään.
Korkean taivaan alla seisoi kiitollinen.
Seisoi nöyränä,
seisoi pienempänä ruohonkortta.
Niin suurena kaartui se taivas,
niin sinisenä heijastui sieluunsa,
niin valtavana tuntui luomakunnan voima.
Korkean taivaan alla seisoi kiitollinen.
Ymmärsi oman pienuutensa,
ymmärsi maailman vanhenevan
vielä hänen jälkeensäkin.

Teekuppi höyryää kuin hiidenpata.
Kynttilän lepattavassa valossa varjot saavat elämän.
Suurien sadepisaroiden raukeus.
Jossain kaukana lentokoneita,
yövartijoita, täysikuulle ulvovia susia.
Minussa yön rauhallinen tummuus,
varjojen levollinen leikki.

Se tunne kun juoksee märällä nurmikolla alusvaatteisillaan,
sateessa, iso hymy kasvoilla, leskenlehtiä varpaiden välissä.
Sen minä haluan sinulle antaa lahjaksi.
Joka päivälle,
joka hetkelle.
Silloinkin kun imuri surisee,
silitysrauta on kuuma,
paisti uunissa palanut mustaksi.
Kesäsade ja leskenlehtiä ja märkä nurmikko.
Pieniä onnenhetkiä arjessa.

Tänään heräsin auringon kanssa.
Heräsin öisen sateen tuoksuun,
heräsin poutapilvien leijailuun.
Tänään hiivin keittiöön ennen muita.
Join kahvini aamuauringon seurassa,
istuin ja ajattelin.
Ajattelin miten kaunis on
tämä hiljainen hetki
kun muut vielä nukkuvat
ja aamu tuo auringon keittiöön.

Meni päiviä, meni viikkoja.
Meni kuukausia ja vuosia.
Ja silti samanlaisena pysyi.
Ei se itseltään pakoon päässyt,
ei omilta huoliltaan voinut piiloutua.
Kaikkialle ne seurasivat,
päivästä toiseen kiusasivat.
Vaikka matkusti kauas,
vaikka vaihtoi kotia,
ystäviä, vaatteita, korvakoruja.
Aina vain oli sama sivu kirjasta avoinna,
sama tuuli puhaltamassa kasvoille,
sama mukulakivikatu jalkojen alla.
Eikä se sitten enää välittänyt.
Sanoi että tulkaa mukana.
Otti itsensä syleilyynsä
ja rakastui.
Rakastui siihen maahan poljettuun,
rakastui hölmöön vaeltajaan,
rakastui yksinäiseen runotyttöön.
Ja nyt sen on helppo hengittää.
Nyt se tietää minne kuuluu.
Runojensa luokse,
mukulakivikaduille,
tähtitaivaille,
itselleen.

www.ingramcontent.com/pod-product-compliance
Ingram Content Group UK Ltd.
Pitfield, Milton Keynes, MK11 3LW, UK
UKHW041902190726
13854UKWH00003B/1037

9 781304 947406